essentials

Michael Hosang · David Ruetz ·
Cornelia Zanger

Disruption in der Event- und Messebranche

Den digitalen Aufbruch mitgestalten

Springer Gabler

Michael Hosang
Studienistitut für Kommunikation GmbH
Düsseldorf, Deutschland

David Ruetz
ITB Berlin, Messe Berlin GmbH
Berlin, Deutschland

Cornelia Zanger
LS für Marketing und Handelsbetriebs-
lehre, TU Chemnitz-Zwickau
Chemnitz, Deutschland

ISSN 2197-6708   ISSN 2197-6716   (electronic)
essentials
ISBN 978-3-658-29825-8   ISBN 978-3-658-29826-5   (eBook)
https://doi.org/10.1007/978-3-658-29826-5

Die Deutsche Nationalbibliothek verzeichnet diese Publikation in der Deutschen Nationalbiblio-
grafie; detaillierte bibliografische Daten sind im Internet über http://dnb.d-nb.de abrufbar.

Planung/Lektorat: Imke Sander
Springer Gabler ist ein Imprint der eingetragenen Gesellschaft Springer Fachmedien Wiesbaden
GmbH und ist ein Teil von Springer Nature.
Die Anschrift der Gesellschaft ist: Abraham-Lincoln-Str. 46, 65189 Wiesbaden, Germany

Was Sie in diesem *essential* finden können

Vorwort

Dieses Essential beschäftigt sich mit der Fragestellung, wie viel Digitalisierung, wieviel Disruption der Event- und Messebranche bereits heute gut tun und auch in naher Zukunft gut tun werden und welche Auswirkungen diese auf die Kompetenzen und Anforderungen an MitarbeiterInnen mit sich bringen.

Zu Wort kommen drei branchenaffine Experten, die sich bereits jeweils seit mehr als 25 Jahren mit dem Themenfeld Event und Messe beruflich beschäftigen: Univ.-Prof. Dr. Cornelia Zanger (TU Chemnitz), David Ruetz (Messe Berlin GmbH) und Michael Hosang (Studieninstitut für Kommunikation GmbH).

HOSANG stellt in seinen Ausführungen fest, dass der bekannte und gelebte Karrierelauf Schule, Ausbildung und/oder Studium und danach vielleicht sogar ein Leben lang denselben Job auszuüben, bereits in der heutigen Zeit der Vergangenheit angehört. Karrierewege und Kompetenzprofile ändern sich in einem rasanten Tempo – insbesondere auch in vielen Bereichen der Event- und Messelandschaft. Die besonderen Herausforderungen liegen in der Anpassung der unterschiedlichen neuen Qualifikationen und deren Anpassung an die digitale Welt. Innovative Lernformen und Lernformate runden den Veränderungsprozess ab.

RUETZ konstatiert die Fortschreitung der Digitalisierung in allen Bereichen des Lebens und insbesondere auch im Messewesen. Im Verlauf seiner Ausführungen stellt er den idealtypischen Messestand der Zukunft vor. Hierbei spielt für ihn die Ausgewogenheit zwischen digitalen Komponenten und dem Faktor Mensch eine essenzielle Rolle.

ZANGER weist auf das einzigartige persönliche Erlebnis als konstitutives Element von Events hin, das vor dem Hintergrund des Megatrends der Digitalisierung sowohl neue Möglichkeiten der kreativen Gestaltung erfährt aber auch vor große Herausforderungen gestellt wird. Der Spagat zwischen neuen immersiven Erlebnisräumen und der Gefahr eines „digital Overkill" muss gelingen. Ein Blick auf die Customer Journey des Eventteilnehmers und die digitalen Touchpoints unterstützt die Entwicklung von zeitgemäßen Eventkonzepten.

Die Autoren wünschen zahlreiche Erkenntnisse und viel Spaß beim Lesen.

Sollten Sie Gesprächsbedarf oder Fragen an uns haben – zögern Sie nicht, uns zu kontaktieren.

im März 2020   Prof. Dr. Cornelia Zanger
                                                              Michael Hosang
                                                              David Ruetz

Inhaltsverzeichnis

Digitalisierung in der Eventbranche – Neue Technologien und welche Kompetenzen sie erfordern

1

Unter der Mitwirkung von Kenneth Hädecke, Professur BWL II-Marketing und Handelsbetriebslehre, Betriebswirtschaftslehre, Technische Universität Chemnitz.

1.1 Einleitung

In einem Weiterbildungs-Special der Süddeutschen Zeitung vom 07.05.2019 mit dem Titel „Fit für die Arbeitswelt von morgen" (vgl. SZ-Special 2019, S. 2) sind sich die Digitalisierungs- und Bildungsexperten einig: Achim Berg, Präsident des Branchenverbandes der deutschen Informations- und Telekommunikationswirtschaft Bitkom konstatiert treffend und branchenübergreifend: „Die Digitalisierung verändert berufliche Kompetenzprofile und Karrierewege radikal (…) Alle Berufe werden sich verändern, viele werden verschwinden, neue entstehen."

Im weiteren Textverlauf (vgl. ebd.) unterstreicht die Personalchefin und Leiterin der Kompetenzgruppe New Work beim Internetverband eco, dass durch die Digitalisierung neue Arbeitsplätze und Jobs entstehen.

Diese Erkenntnis mag auf sich allein gestellt noch keinen Anlass zur Befürchtung geben, jedoch ist es der Faktor „Zeit" welcher hier zwingend beachtet werden muss. Falkenberg (vgl. ebd.) appelliert deshalb: „Es ist überfällig, sich auf die Digitalisierung einzustellen."

Facettenreiche Digitalisierungstendenzen gibt es bereits seit Jahren in der beruflichen und privaten Weiterbildung. Tendenz: Der reine Präsenzteil in Form von klassischen Seminaren wird weiterhin abnehmen und durch digitale Lernformate ersetzt. Dies sieht auch Mirco Fretter, Präsident des Fernunterrichts-Anbieterverbandes Forum DistanceE-Learning so, welcher

M. Hosang et al., *Disruption in der Event- und Messebranche,* essentials, https://doi.org/10.1007/978-3-658-29826-5_1

feststellt, dass der Zugang zu Wissen deutlich einfacher geworden ist: „Online-Tutorials bieten Hilfestellungen in nahezu allen Lebenslagen, und Suchmaschinen liefern in Sekundenschnelle Antworten auf alle unsere Fragen. Digitalisierung ist schon lange fest in unserem privaten wie auch beruflichen Alltag verankert." (vgl. SZ-Special 2019, S. 3).

Im Grunde genommen werden hier Szenarien beschrieben, welche der prosperierenden und praxisorientierten Event- und Messelandschaft entgegenkommen sollten. Die Branche hat sich schon längst konsolidiert und professionalisiert und ist zu einem Wirtschaftsfaktor geworden.

Mit einem Budget von rund 7,65 Mrd. EUR gehört die Messe und Eventkommunikation zu einem der wachstumsstärksten Bereiche der Live-Kommunikation (vgl. FAMAB Research 2017). Neben Interaktion des Kunden oder Besuchers mit dem für die Betreuung des Messestandes ausgewählten Personals, steht insbesondere die Gestaltung des Standes und des Rahmenprogramms für die Vermittlung positiver Erlebnisse im Fokus. Hierbei sind dem Kano-Modell[1] folgend, zunächst die durch den Kunden gehegten Erwartungen, welche auch als Basismerkmale bezeichnet werden können, zu erfüllen. Hierzu zählt neben der Freundlichkeit des Standpersonals beispielsweise auch Ordentlichkeit und Sauberkeit des Messestandes. Um jedoch eine möglichst hohe Kundenzufriedenheit mit Erlebnischarakter zu erreichen, sollten nicht nur die Basismerkmale, sondern auch eine Vielzahl an Begeisterungsmerkmalen erfüllt werden (vgl. Kano et al. 1984, S. 147–156). Dies kann unter Einbeziehung aktueller Trends oder technischer Besonderheiten gelingen.

Digitalisierung gehört neben dem stetig wachsenden Drang nach Individualisierung zu einem der wichtigsten Trends über alle Branchen hinweg (vgl. Donders et al. 2018, S. 89–107). Insbesondere die Branche der Live-Kommunikation wird durch konstante technische Weiterentwicklung stark beeinflusst, was auch ein großes Potenzial für die Branche birgt (vgl. Reinecke 2018, S. 10). „Internet of Things", „Big Data" und „Künstliche Intelligenz" stellen keine Zukunftsvision mehr dar, sondern prägen die heutige Zeit und eröffnen völlig neue Möglichkeiten für das Marketing und die Live-Kommunikation. Jedoch stellt die globale Interkonnektivität und der damit verbundene Daten- und Informationsaustausch in Echtzeit nicht nur eine Chance (vgl. Bienhaus und Haddud 2018, S. 965),

---

[1]In den 1970er Jahren untersuchte Noriaki Kano Kundenanforderungen und Kundenwünsche. Hierbei setzte er die Kundenzufriedenheit mit den Merkmalen von Produkten und deren Erfüllungsgrad in Beziehung. Hieraus entstand das nach ihm benannte Kano-Modell (Kano et al. 1984, S. 147–156).

sondern auch eine wachsende Herausforderung für Messemanager dar. Für das Messemanagement der Zukunft sind ganzheitliches Denken im Sinne der integrierten Kommunikation und technische Kompetenzen von hoher Notwendigkeit (Zanger und Hädecke 2019, S. 6), um den Anforderungen gerecht zu werden und den Herausforderungen durch die Beschleunigung technischer Innovationen und die rasante digitale Entwicklung meistern zu können.

1.2 Digitalisierung und technische Innovationen auf Messen und Events

In Folge der Digitalisierung und aufgrund einer Vielzahl technischer Innovationen hat ein Wertewandel in der Gesellschaft stattgefunden, der für die Live-Kommunikation von Vorteil ist. War zu Zeiten der Baby Boomer und Generation X der soziale Status noch primär an materiellen Besitz geknüpft, so steht heute das außergewöhnliche Erlebnis im Fokus des Interesses (vgl. Fischer et al. 2018, S. 31). Jedoch geht es nicht wie bei früheren Generationen darum etwas zu besitzen oder die Erfahrungen und Erinnerungen eines Erlebnisses für sich zu erhalten, sondern diese allen mitzuteilen oder das Erlebnis direkt live mit so vielen anderen Menschen wie möglich zu teilen. Dieses Streben nach Erlebnissen sowie das Bedürfnis, das Erlebte zu teilen, sorgen für eine wachsende Bedeutung der Live-Kommunikation. Somit erweitert die Digitalisierung die Möglichkeiten der Live-Kommunikation und es kann eine größere Zielgruppe erreicht werden. Ein Beispiel für das Potenzial der digitalisierten Live-Kommunikation stellen die Telekom Street Gigs dar. Im März 2017 konnten über 1,5 Mio. Fans den Auftritt von Depeche Mode bei den Telekom Street Gigs auf Twitter, Facebook, YouTube und weiteren Live-Stream-Kanälen verfolgen. Dieser Weltrekord reflektiert das immense Potential welches die Digitalisierung biete.

In den letzten 10 Jahren haben sich Social-Media-Plattformen zu einem fundamentalen Kommunikationsinstrument entwickelt, um Beziehungen zwischen Marken und Kunden zu pflegen. So sagte bereits Facebook-Gründer Mark Zuckerberg:

„Das Internet ist nicht unbedingt ein guter Ort, um Freunde zu finden. Aber ein gutes Hilfsmittel, um die Freundschaften zu pflegen, die man hat."

Dieses Zitat reflektiert, dass speziell Social-Media-Angebote eine hohe Relevanz im Beziehungsmarketing genießen. Hierbei ist es relevant, Social Media nicht nur als Kommunikationsinstrument während Messen zu nutzen, sondern mittels Social Media den Erlebniswert des Kunden zu steigern. Dies kann durch Live-Stream- oder Interaktionsmöglichkeiten erreicht und so ein zusätzlicher

Nutzen geschaffen werden. Aufgrund der zunehmenden Bedeutung und der weiter steigenden Nutzerzahlen von Smartphones und anderen mobilen Endgeräten werden auch immer häufiger App-Angebote für die Kommunikation mit dem Kunden geschaffen. So konnte bereits in früheren Untersuchungen festgestellt werden, dass die Mehrheit von Veranstaltungsteilnehmern eine spezifische Veranstaltungsapp als nutzenstiftend wahrnimmt (vgl. Drengner 2018, S. 177). Auch das Einbinden technischer Innovationen, wie beispielsweise Augmented Reality oder Virtual Reality, ist in der Live-Kommunikation eine Möglichkeit, Marken erlebbar zu machen und Beziehungen zu einer Marke zu beeinflussen (Ruetz 2018, S. 144). Hierbei ist es von besonderer Bedeutung, umfangreiche Kenntnisse zu Marketing und Markeninszenierung zu besitzen, um Markenbotschaften fehlerfrei in die virtuelle Welt zu übersetzen. Aber auch in anderen Anwendungsfeldern des Event- und Messemanagements ergeben sich durch die Digitalisierung neue Chancen. So können Drohnen nicht nur im Rahmen der Veranstaltungssicherheit eingesetzt werden, sondern auch Inhalte für andere digitale Tools, wie beispielsweise App und Social-Media-Kanäle generieren. Hierbei könnten die von Drohnen aufgenommenen Bilder zum einen für das Erkennen von Sicherheitsschwachstellen genutzt, aber auch für die Steigerung des Erlebnisfaktors verwendet werden, beispielsweise durch das Übertragen anderer Blickwinkel in einen Live-Stream.

Diese Beispiele der Digitalisierung und technischen Innovationen auf Messen und Events reflektieren nicht nur die Vielseitigkeit der Entwicklung, sondern zeigen auch die Herausforderungen und den Kompetenzbedarf, der sich aus dem Fortschritt ergibt. Um diesem Kompetenzbedarf gerecht zu werden, müssen Fachkräfte gefördert und die Bildung von spezifischen Fähigkeiten unterstützt werden.

1.3   Grundlagen der Kompetenzen

Im Rahmen der stetigen Digitalisierung und des technischen Fortschritts sind speziell die technischen Kompetenzen von exponentieller Bedeutung. Zunächst muss der Begriff der Kompetenzen näher betrachtet und definiert werden um darauf aufbauend eine klare Abgrenzung der Konstrukte vorzunehmen.

Im 16. Jahrhundert wird unter Kompetenz mit Bezug auf eine Person, jemand verstanden, der ordentlich, geschickt und gehorsam ist, sich angemessen benimmt und im Wettstreit mit anderen um die gleiche Sache steht. In den vergangenen sechzig Jahren hat sich ein breiter Diskurs entwickelt, wie man Kompetenzen definieren und abgrenzen kann. 2009 verallgemeinerte Erpenbeck die diversen Ansätze und definierte Kompetenz mit den Fähigkeiten, selbstorganisiert zu handeln, aber auch zu denken. Darüber hinaus stellte er fest, dass Fertigkeiten die Grundlage für Kompetenz darstellen, jedoch keine Kompetenz sind und Kompetenzen immer handlungsorientiert sind (vgl. Erpenbeck 2009, S. 83–93).

In Anlehnung an seine allgemeingültige Definition, geht Erpenbeck von einer vielschichtigen Kompetenzarchitektur (Abb. 1.1) aus, die sich aus Meta-, Basis-, Schlüssel- und Querschnittskompetenzen zusammensetzt (Vgl. Erpenbeck 2009, S. 97–101).

Im Rahmen dieser Architektur bildet die Metakompetenz das Fundament des Konstruktes. Somit beschreibt die Metakompetenz die Fähigkeit zur Entwicklung der Kompetenzentwicklungskompetenz. Dies bedeutet, dass Personen über Metakompetenz verfügen, wenn sie die Fähigkeit besitzen, bestimmte Fähigkeiten zu entwickeln, welche in einer spezifischen Situation oder zur Lösung eines Problems benötigt werden. Hierzu gehören Selbstentdeckung, Selbstpräsenz, Selbstdistanz, Phasen- und Situationsidentifikation oder Interventionsfähigkeit und Handlungsfreude (Vgl. Bergmann et al. 2006, S. 113–117).

Darauf aufbauend finden sich die sogenannten Basiskompetenzen, die sich aus personaler, fachlich-methodischer, sozial-kommunikativer und Aktivitätskompetenz zusammensetzen. Unter *personaler Kompetenz* versteht Erpenbeck

Abb. 1.1 Kompetenzpyramide (Eigendarstellung in Anlehnung an die Kompetenzarchitektur nach Erpenbeck 2009, S. 102)

(2009) die Fähigkeit, selbstorganisiert und selbstreflexiv zu handeln, dieses Handeln selbstkritisch zu beleuchten und mit einer kreativen und produktiven Einstellung eigene Ideale zu entfalten (Vgl. Erpenbeck 2009, S. 97). *Aktivitäts-bezogene Kompetenzen* hingegen beschrieben Wunderer und Bruch (2000) ver-allgemeinert als Umsetzungskompetenz. Somit umschreibt diese Kompetenz die Fähigkeit, aktiv, zielstrebig und sich selbst organisierend Pläne in die Tat umsetzen zu können.

Fachlich-methodische Kompetenzen beschreiben alle Fähigkeiten, mit dem zur Lösung eines Problems nötigen fachlichen und methodischen Wissen ausgestattet zu sein und dieses mit der nötigen Eigenmotivation zur Lösung zu nutzen. Außerdem zählt dazu die Fähigkeit, das Wissen mit eigenen Erfahrungen selbst-organisiert zu kombinieren (Vgl. Erpenbeck 2009, S. 97).

Die letzte Komponente der Basiskompetenzen, die *sozial-kommunikative Kompetenzen,* umschreiben die Fähigkeiten, Prozesse kommunikativ und kooperativ mit anderen Personen und Organisationen zu verbessern, somit effektiver und konfliktärmer kooperativ handeln zu können und kreativ zu werden (Vgl. Erpenbeck 2009, S. 97–98).

Auf den Basiskompetenzen aufbauend, bilden die Schlüsselkompetenzen differenzierte Teilkompetenzen ab, die insbesondere im Arbeitsalltag oder bei umfassenderen Problemstellungen von Nöten sind (Vgl. Erpenbeck 2009, S. 98). Der KompetenzAtlas des KODE®X Systems[2] beruht auf den vier Basis-kompetenzen und bildet sechzehn einzelne Tableaus ab, welche die vier Basis-kompetenzen miteinander kombinieren. Jedes einzelne Kombinationstableau beinhaltet jeweils vier dementsprechende Kompetenzen (Abb. 1.1).

Die oberste Ebene der Kompetenzpyramide bildet die Querschnitts-kompetenzen ab. Hierzu können Kompetenzen wie beispielsweise die Führungs-kompetenzen, Medienkompetenzen oder technische Kompetenzen gezählt werden. Dabei handelt es sich bei diesen nicht um Einzelkompetenzen, sondern vielmehr um die Kombination verschiedener Schlüsselkompetenzen zu einem spezifischen Kompetenzbündel (Vgl. Van Dyne et al. 2008, S. 20–30). Technische Kompetenzen betrachten zum einen den Bereich der Veranstaltungstechnik

---

[2]KODE®X ist ein von Prof. Dr. Volker Heyse und Prof. Dr. John Erpenbeck entwickeltes Ver-fahrenssystem zur Entwicklung von Weiterbildungsstrategien, sowie für die Erstellung von Funktions- und Kompetenzprofilen von Mitarbeitern eines Betriebes. Es baut auf dem 64 Kompetenzen umfassenden KompetenzAtlas auf, welcher sich in die 4 Segmente personale Kompetenzen, aktivitätsbezogene Kompetenzen, fachlich-methodische Kompetenzen und sozial-kommunikative Kompetenzen unterteilt (KODE GmbH 2019).

und zum anderen IT & Informationsmanagement-kompetenzen. Bezug nehmend auf die Studie „Fachkräfte in der Event- und Messebranche" sind besonders die Fähigkeiten im Zusammenhang mit Social-Media- und Projektplanungstools von Bedeutung (Vgl. Zanger et al. 2018, S. 5–13).

In Zeiten der Digitalisierung ist das Verständnis für Informations- und Datenmanagement ein grundsätzlicher Hygienefaktor für Event- und Messemanager. Zanger und Hädecke stellten bereits im Rahmen der 2. Fachkräftestudie in der Event- und Messebranche eine große Kluft zwischen den vorhanden und den erwarteten Kompetenzen fest. Außerdem zeigte sich, dass Kenntnisse oder Erfahrungen mit Social Media eine sehr hohe Priorität genießen. Dabei sollten verschiedene Social-Media-Kanäle, wie beispielsweise Facebook, Twitter oder Instagram in ihren Möglichkeiten verstanden und beherrscht werden, um sie so je nach Situation flexibel in das jeweilige Event- oder Messekonzept einzubinden (Vgl. Zanger et al. 2018, S. 5). Das Einbinden der Social-Media-Maßnahmen in die Kommunikation des Events oder der Messe sollte hierbei vor, während und nach der Veranstaltung stattfinden (vgl. Hartmann 2012, S. 29 ff.), um die Wirkung auf die Markenbeziehung zu verstärken (vgl. Drengner 2013, S. 79). Aber auch bei den Kenntnissen zur Nutzung von Projekttools, wurde ein sehr deutliches Defizit festgestellt (Abb. 1.2).

Hierbei ist ein solches Defizit, vor dem Hintergrund der hohen Bedeutung der Digitalisierung in der Branche, von besonderer Bedeutung. So stellen Zanger und Hädecke fest, dass Projektplanungstools im Event- und Messemanagement eine steigende Bedeutung beigemessen wird (vgl. Zanger und Hädecke 2019, S. 10). Hierbei wurde bereits in der ersten Studie „Fachkräfte in der Event- und Messebranche" im Jahr 2018 festgestellt, dass Projektplanungstools für die Eventmanager von morgen von existenzieller Bedeutung sind, da mittels dieser

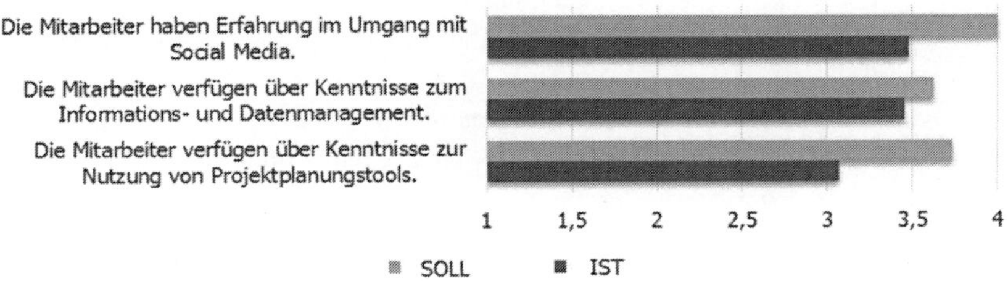

Abb. 1.2 SOLL-IST-Vergleich der technischen Kompetenzen (Zanger und Hädecke 2019, S. 10)

Tools nicht nur Effizienzgewinne generiert, sondern auch eine effektivere und individuellere Kundenberatung und -betreuung begünstigt werden kann (Vgl. Zanger et al. 2018, S. 5–13).

Neben diesen grundlegenden technischen Kompetenzen ist es – vor dem Hintergrund der Beschleunigung technischer Innovationen, der rapiden digitalen Entwicklung und den damit verbundenen steigenden Erwartungen der Kunden – relevant, dass Event- und Messemanager zukünftig bei der Lösung von Problemen und der Implementierung von Ideen nach neuen Technologien oder digitalen Möglichkeiten suchen. Damit jedoch Tools wie beispielsweise Augmented Reality, Virtual Reality, iBeacons oder Drohnen als mögliche Lösung eingesetzt werden können, müssen diese und viele weitere technische Innovationen bekannt sein und ihre Einsatzmöglichkeiten verstanden werden (Vgl. Zanger et al. 2018, S. 5). Hierbei ist zu beachten, dass das bloße Verständnis der technischen Möglichkeiten nicht ausreichend ist, um das Image einer Marke oder Unternehmensstrategien in eine erfolgreiche Live-Kommunikation zu überführen. Hierfür bedarf es neben einem grundlegenden Verständnis für Marketing, die Fähigkeit des ganzheitlichen Denkens im Sinne der integrierten Kommunikation. In der Studie „Berufsbild Event- und Messemanager" wurde herausgefunden, dass die Fähigkeit des ganzheitlichen Denkens im Sinne der integrierten Kommunikation zu den 10 wichtigsten Kompetenzen gehört, die Branchenexperten von Event- und Messemanagern erwarten (Zanger und Hädecke 2019, S. 6). Außerdem wurde auch bei dieser Fähigkeit ein starkes Defizit festgestellt (Zanger und Hädecke 2019, S. 8). Im Ergebnis der vorangestellten Literaturanalyse zeigen sich folgende zentrale Kompetenzanforderungen:

- Mitarbeiter der Branche sollten die Relevanz von Informations- und Datenmanagement verstehen.
- Bei der Lösung von Problemen sollte kreativer und offen nach technischen Möglichkeiten gesucht werden.
- Fachkräfte müssen mit der zunehmenden Digitalisierung das Verständnis für technische Innovationen und den sich daraus ergebenden Möglichkeiten besitzen.
- Innovative digitale Tools und deren Einsatzmöglichkeiten müssen bekannt sein und im Event- oder Messekonzept eingebaut werden können.
- Der technische Fortschritt und die dadurch zunehmende Komplexität der Kommunikationsinfrastruktur sollte von Event- und Messemanagern verstanden werden.
- Social-Media-Tools müssen beherrscht und als relevantes Marketingkommunikationsinstrument verstanden und in Event- und Messekonzepte eingebaut werden.

- Projektplanungstools bilden die Basis für Effizienzgewinne im Event- und Messemanagement und sollten beherrscht werden.
- Ganzheitlichen Denkens im Sinne der integrierten Kommunikation wird vorausgesetzt.

1.4   Aufbau von fachlichen Kompetenzen

Natürlich sind die Klagen beispielsweise der Eventagenturen sowohl über die demografische Entwicklung als auch über die Flexibilisierung von Karrierewegen nicht nur zu hören, sondern zu großen Teilen auch berechtigt. Zu hinterfragen gilt es jedoch auch, ob unmittelbare, nämlich hausgemachte Probleme, ebenso eine gewichtige Rolle spielen. Zanger nennt diese „branchenspezifische Faktoren" und meint damit eine „generell hohe Leistungsanforderung und Arbeitsbelastung" (vgl. Zanger et al. 2018). Das wirke teils abschreckend.

Eine Folge von dieser Entwicklung ist, dass zunehmend die gelebte Unternehmenskultur beim Verbleib bzw. bei der Jobwahl eine Rolle spielt bzw. spielen wird. Werte und Wertschätzung werden als vergleichende Faktoren gegenüber anderen Arbeitgebern sowie materiellen Faktoren (z. B. Gehalt, Firmen-PKW, Freizeitausgleich) mehr denn je bewertet.

Zusätzlich zum Fachkräftemangel spielen Start-up-Unternehmen als echte Arbeitsplatzinitiative in der Kommunikationslandschaft eine nicht zu unterschätzende Rolle. In Horizont Online (Schmidt 2018) trifft ZAW-Hauptgeschäftsführer Manfred Parteina mit einer Stellenmarktanalyse des Zentralverbands der deutschen Werbewirtschaft (ZAW) den wahrscheinlich ursächlichen Kern, denn „(...) heute konkurrieren Industriekonzerne, Institutionen und Dienstleister, mit denen es beim Personal zuvor kaum Überschneidungen gab. Hinzu kommt die Start-up-Szene, die vielen Talenten attraktiver erscheint als Agenturen oder Konzerne etwa bei den Fast Moving Consumer Goods, die mit Imageproblemen als Arbeitgeber zu kämpfen haben – die einen gelten als Ausbeuter, die anderen als zu hierarchisch (ebd.)"

Prinzipiell sollten die Fachkräfte von morgen offen für die digitale Entwicklung und die sich daraus ergebenden Chancen sein. Hierbei werden Offenheit und Eigenengagement zur Weiterbildung eine grundsätzliche Voraussetzung für eine erfolgreiche Karriere im Event- und Messemanagement darstellen. Jedoch bedarf es hierfür immer neuer und den technischen Trends und Innovationen angepasster Bildungsangebote, sowie eines weiterbildungs-freundlichen Umfeldes seitens der Unternehmen. Grundsätzlich sollten Bildungsträger sowohl kurzfristige Wochenendkurse, als auch langfristige berufsbegleitende

Weiterbildungsmaßnahmen anbieten, die über aktuelle technische Innovationen aufklären, sowie deren Anwendungsmöglichkeiten darstellen. Speziell berufsbegleitende Weiterbildungsmaßnahmen sollten hierbei auch den Umgang mit digitalen Tools schulen und so auf die berufliche Zukunft vorbereiten. Hierbei sollte speziell vor dem Hintergrund des rasanten technischen Fortschritts die Fähigkeit des eigenen Kompetenzaufbaus bereits in der Schul- und späteren Ausbildung gefördert werden.

Technische und digitale Innovationen werden die Zukunft prägen und die Anforderungen in der Live-Kommunikation fortwährend wandeln, wodurch die lebenslange Weiterbildung und folglich die stetige Qualifikation von Mitarbeitern im Fokus erfolgreicher Unternehmen stehen wird. Hierfür bedarf es neben dementsprechenden Angeboten der Bildungsträger auch strukturierte Personalentwicklungsstrategien. Hierbei sollten mitarbeiterindividuell Kompetenzprofile erstellt werden und dem Mitarbeiter sollten spezifische Weiterbildungs-möglichkeiten angeboten werden, um das Potenzial eines jeden Mitarbeiters voll entfalten zu können. Mitarbeitergespräche können darüber hinaus Einblicke in die Interessen des Angestellten geben. Werden die Weiterbildungsmöglichkeiten auf diese Interessen und das Kompetenzprofiel zugeschnitten, so steigert dies die intrinsische Motivation des Mitarbeiters und steigert so das Arbeitsengagement (vgl. Zanger et al. 2018, S. 13). Weiterhin müssen Unternehmen ein Arbeitsumfeld schaffen, dass es Mitarbeitern ermöglicht, die eigenen Fähigkeiten und Interessen mittels geeigneter Projekte weiterzuentwickeln. Hierbei stärken klar kommunizierte Aufstiegschancen und ein an den erfolgreichen Abschluss von Weiterbildungen gebundenes Entlohnungssystem die intrinsische Motivation des Mitarbeiters und unterstützen damit die Qualifikation der Mitarbeiter und den langfristigen Erfolg des Unternehmens.

1.5   Fazit

Zusammenfassend kann festgestellt werden, dass die Digitalisierung in der Live-Kommunikation eine Herausforderung, aber auch große Chance für die Branche darstellt. Insbesondere müssen die Mitarbeiter des Event- und Messemanagements mittels Aus- und Weiterbildungen auf die neuen technologischen Innovationen und digitalen Möglichkeiten vorbereitet werden, um das weitere Branchenwachstum nicht zu gefährden. Hierbei sind insbesondere strategische Marketingfähigkeiten, wie das ganzheitliche Denken im Sinne der integrierten Kommunikation, aber auch technisches Verständnis für Innovationen und digitale Tools von Bedeutung. Um die Motivation und Offenheit der Mitarbeiter gegenüber Weiterbildungsprogrammen zu erreichen, sollten Unternehmen zum einen Anreizsysteme und klare Karrieremodelle exponieren und zum anderen langfristige Personalentwicklungs-strategien erarbeiten. Voraussetzung hierfür ist die individuelle Analyse der Fähigkeiten und Interessen eines jeden Mitarbeiters, um so spezifische Weiterbildungsmöglichkeiten anbieten und die individuelle Weiterentwicklung eines Mitarbeiters bewerten zu können.

Bildungsträger müssen vorausschauend auf technologische Entwicklungen reagieren und ein zukunftsorientiertes Aus- und Weiterbildungsangebot schaffen. Hierbei sollten auf der einen Seite kurzfristige operative Weiterbildungsmöglichkeiten, wie beispielsweise der Umgang mit neuen Social-Media-Tools angeboten werden. Andererseits ist es relevant, auch langfristige berufsbegleitende Möglichkeiten der Weiterbildung anzubieten, die unter anderem strategische Kompetenzen vermitteln.

Es gilt, Inhalte stets auf Neue hinsichtlich Aktualität zu überprüfen und anzupassen. Ebenso geprüft werden muss die Anwendung bzw. die Anwendbarkeit digitaler Tools zur Lernunterstützung. Im Idealfall findet so eine Erweiterung des Lernens in traditionellen Lernarrangements statt – und die Mitarbeiter werden durch die Zuhilfenahme von digitalen Tools zu Wissensexperten. Dies setzt ein intelligentes Learning Management System voraus – der Schnittstelle zwischen Bildungsanbieter und Lernenden.

Literatur

Bergmann, G., Daub, J., & Meurer, G. (2006). Metakompetenzen und Kompetenzentwicklung. Berlin Arbeitsgemeinschaft Betriebliche Weiterbildungsforschung e. V./ Projekt Qualifikations-Entwicklungs-Management. ISSN: 0944-4092.

Bienhaus, F., & Haddud, A. (2018). Procurement 4.0: Factors influencing the digitisation of procurement and supply chains. *Business Process Management Journal, 24*(4), 965–984. https://doi.org/10.1108/BPMJ-06-2017-0139.

Donders, K., Enli, G., Raats, T., & Syvertsen, T. (2018). Digitisation, internationalisation, and changing business models in local media markets: An analysis of commercial media's perceptions on challenges ahead. *Journal of Media Business Studies, 15*(2), 89–107. https://doi.org/10.1080/16522354.2018.1470960.

Drengner, J. (2013). Eventmarketing und Social Media-Kommunikation. In C. Zanger (Hrsg.), *Events im Zeitalter von Social Media: Stand und Perspektiven der Eventforschung* (S. 65–84). Wiesbaden: Springer Fachmedien.

Drengner, J. (2018). Potential von Veranstaltungs-Apps zur Beeinflussung des Brand Meanings. In C. Zanger (Hrsg.), *Events und Marke: Stand und Perspektiven der Eventforschung* (S. 171–183). Wiesbaden: Springer Gabler.

Erpenbeck, J. (2009). Was „sind" Kompetenzen? In W. G. Faix & M. Auer (Hrsg.), *Talent. Kompetenz. Management* (Bd. 1, S. 90 ff). Stuttgart: Steinbeis-Edition.

FAMAB. (2017). Prognose zum Volumen der Gesamtetats für Kommunikation in Deutschland in den Jahren 2016 und 2017 (in Milliarden Euro) [Graph]. Statista. https://de.statista.com/statistik/daten/studie/323477/umfrage/gesamtvolumen-der-kommunikationsetats-in-deutschland/. Zugegriffen: 15. Nov. 2019.

Fischer, D., Kingsley-Curry, S., Nilson, S., Vedolin, O., & Wyss, A. (2018). Vernetzt zur Erlebniseinheit – Live Communication. *Marketing Review St. Gallen, 2018,* 30–37.

Hartmann, D. (2012). User generated events. In C. Zanger (Hrsg.), *Erfolg mit nachhaltigen Eventkonzepten* (S. 23–36). Wiesbaden: Gabler.

Kano, N., Seraku, N., Takahashi, F., & Tsuji, S. (1984). Attractive quality and must-be quality. *Journal of the Japanese Society for Quality Control, 14*(2), 147–156.

Kode GmbH. (2019). https://www.kodekonzept.com/de/kompetenzen-erschliessen-die-zukunft/kode-x/. Zugegriffen: 18. Nov. 2019.

Reinecke, S. (2018). Digitalisierung – Fluch oder Chance für die Messe der Zukunft. *Marketing Review St. Gallen, 2018,* 7–11.

Ruetz, D. (2018). Digitale Tools bei Markeninszenierungen auf Messen und Events. In C. Zanger (Hrsg.), *Events und Marke: Stand und Perspektiven der Eventforschung* (S. 133–158). Wiesbaden: Springer Gabler.

Schmidt, E. M. Horizont online (5 vom 01.02.2018, Seite 008).

SZ-Special (2019). *Sonderveröffentlichung der Süddeutschen Zeitung GmbH* (S. 1–12). München.

Van Dyne, L., Ang, S., & Koh, C. (2008). *Development and validation of the CQS: The cultural intelligence scale in Handbook of cultural intelligence: Theory, measurement, and applications.* New York: M.E. Sharpe, Inc.

Wunderer, R., & Bruch, H. (2000). *Umsetzungskompetenz – Diagnose und Förderung in Theorie und Unternehmenspraxis.* München: Vahlen.

Zanger, C., & Hädecke, K. (2019). *Berufsbild Event- und Messemanager: 2. Fachkräfte-studie in der Event- und Messebranche.* Chemnitz: Technische Universität.

Zanger, C., Klaus, K., & Kießig, A. (2018). *Fachkräftestudie in der Event- und Messe-branche.* Chemnitz: Technische Universität.

Digitalisierung in der Messebranche – Wie neue Technologien den Messestand der Zukunft prägen

Innerhalb der Live-Kommunikation haben Messen – aufgrund ihrer direkten Interaktion mit dem Nachfrager, dank ihres multisensualen Angebots und wegen ihrer Fähigkeit, Markenwelten dreidimensional erlebbar zu machen – für Unternehmen aller Sektoren eine kontinuierlich hohe Relevanz im Marketing-Mix. Regelmäßige Erhebungen zeigen, dass das Kommunikationsinstrument Messe nachgefragter denn je ist.[1] Dieser Beitrag beleuchtet daher aktuelle Entwicklungen in der Messebranche bezüglich des Einsatzes neuer Technologien, insbesondere am Messestand. Zunächst wird darauf eingegangen, dass entscheidende Impulse für die Verwendung digitaler Tools aus der Retail- und Erlebnisforschung kamen. Der Begriff der Digitalisierung wird im Kontext der Customer Journey bei Messen betrachtet und interaktive digitale Werkzeuge und deren Einsatz werden im Einzelnen untersucht. Schließlich werden konkrete Empfehlungen für die Gestaltung des Messestandes der Zukunft gegeben.

2.1 Lernen aus der Retail- und Erlebnisforschung

Während sich die Retail-Forschung seit über fünfzig Jahren mit Phänomenen im Einzelhandel (wie beispielsweise Kundenverhalten unter dem Einfluss von Stimuli) beschäftigte (vgl. u. a. Mehrabian und Russell 1974; s. auch bereits Cox

---

[1]Siehe dazu: AUMA_Messetrend (2018, S. 21 ff.) – Der AUMA rechnete für rund 200 Messeveranstaltungen, die 2019 in Deutschland stattfanden, „erneut mit kleinen Zuwächsen auf der Ausstellerseite und [mit] stabilen Besucherzahlen", in: https://www.auma.de/de/zahlen-und-fakten/branchenkennzahlen, zuletzt abgerufen am 26.01.2019.

M. Hosang et al., *Disruption in der Event- und Messebranche,* essentials, https://doi.org/10.1007/978-3-658-29826-5_2

1964), rückte bei Forschungen zum Messestand seit den 80er Jahren zunächst der Aussteller in den Fokus wissenschaftlicher Untersuchungen (Bello und Lothia 1993); neuere Forschungsansätze zur Customer Experience auf Messen stellen heute eher den Besucher und dessen Erlebnis in den Vordergrund (Rinallo 2010). Aussteller, die sich erfolgreich auf Messen präsentieren wollen, können also von über einem halben Jahrhundert Konsumentenforschung im Bereich Retail und von neueren Forschungen zum Besucherverhalten auf Messen profitieren.

Besonders im Hinblick auf den Einsatz digitaler Werkzeuge gibt es hier zahlreiche relevante Parallelen zwischen einem Ladengeschäft und einem Messeauftritt, da es sich bei beiden um Markenräume bzw. einen *branded space* handelt (vgl. Moor 2003, S. 39). Noch immer gilt auf Messen allerdings (ganz analog zum Einzelhandel[2]), dass das „phygitale" Prinzip – also die Kombination zwischen physischer Präsenz und digitalen Optionen – am erfolgversprechendsten ist (vgl. Passarge 2016). Mit der zunehmenden Bedeutung der Inszenierung von Marken auf Messen wird indessen die menschliche interaktive Komponente am Messestand, dem Trend der Zeit, den technologischen Möglichkeiten und den Bedürfnissen der nachwachsenden Generationen folgend, zunehmend mit digitalen interaktiven Elementen arrondiert und komplementiert.

Bei der Erfolgsmessung eines Messeauftritts müssen – zur Darstellung der Wirkung solcher digitaler Elemente – auch zentrale Konstrukte aus der Werbewirkungsforschung berücksichtigt werden. Will man Konsumentenverhalten im Messekontext im Zusammenhang mit der Digitalisierung erklären, besteht die Notwendigkeit, dass der Einsatz digitaler Werkzeuge mit Bezug auf die Ansprache der Nutzer auf Messen zunächst theoretisch modelliert, empirisch geprüft und nutzbringend ausgewertet wird. Dabei bilden insbesondere vor dem Hintergrund des Erlebniskontexts auf Messen „Kognition, Emotion und Autonomie […] die zentralen Dimensionen der Messe-Wirkung" (Von Georgi und Wünsch 2018, S. 24 ff.). Spiegelt man die auf die Teilnahme an einer (Messe-) Veranstaltung bezogene Erwartung bezüglich des Erlebnisses an der Bewertung, zeigte sich bei einer neueren Untersuchung, dass habituelles Erleben auf situatives Erleben indirekt über die eigenen aktuellen Erwartungen wirkt. Damit kommt dem Einsatz technologischer Hilfsmittel in Form von digitalen Touchpoints eine gestiegene Bedeutung zu. Dies erläutert Abb. 2.1.

---

[2]Vgl. auch die umfassende Studie von Visiativ Retail: *Inventer le retail de demain grâce au phygital* (https://www.visiativ-retail.com/).

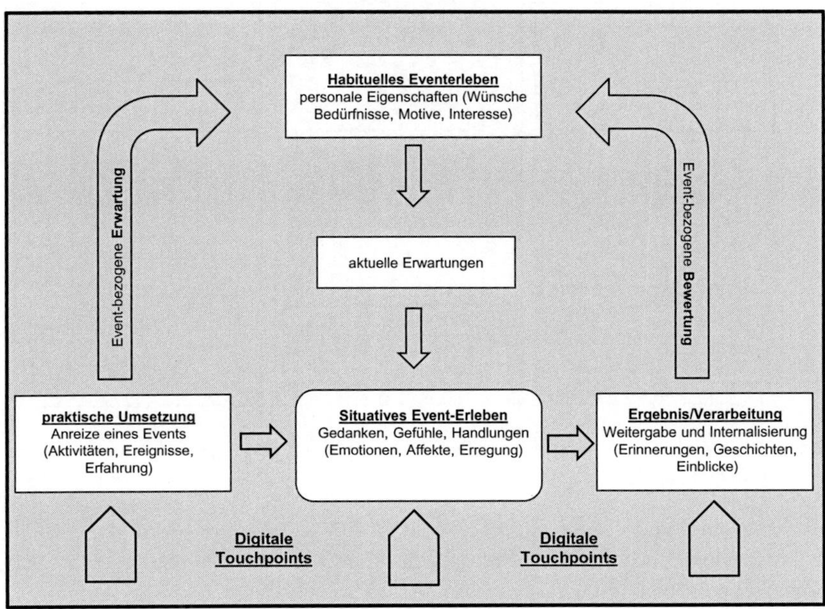

Abb. 2.1 Dimensionen des Messeerlebnisses. (Quelle: Eigene Darstellung in Anlehnung an Von Georgi und Wünsch 2018)

Bei der praktischen Umsetzung von Live-Kommunikation auf Messen bildet sich aktuell aus der Erlebnisorientierung mit ihren Teilaspekten der Trend zur Mediatektur heraus. Dieser Begriff meint die „mediale Inszenierung von Räumen, Formen und Informationen […] an der Schnittstelle zwischen Raum und Technologie[,] fokussiert [auf] den Einsatz multimedialer Werkzeuge" (Zanger et al. 2018, S. 4) und stellt gerade in Bezug auf Digitalisierung die an der Konzeption des Messestands beteiligten Stakeholder vor neue Chancen und Herausforderungen. Darauf soll im Folgenden näher eingegangen werden.

2.2   Messen und Digitalisierung

Das ubiquitäre World Wide Web und der zunehmende Anteil der Digitalisierung an allen Bereichen des Lebens haben auch vor Messen und Messeständen nicht halt gemacht. Die Digitalisierung ist im Messewesen sogar einer der wesentlichen Treiber – in sämtlichen Phasen der Messebeteiligung und -durchführung, sowohl

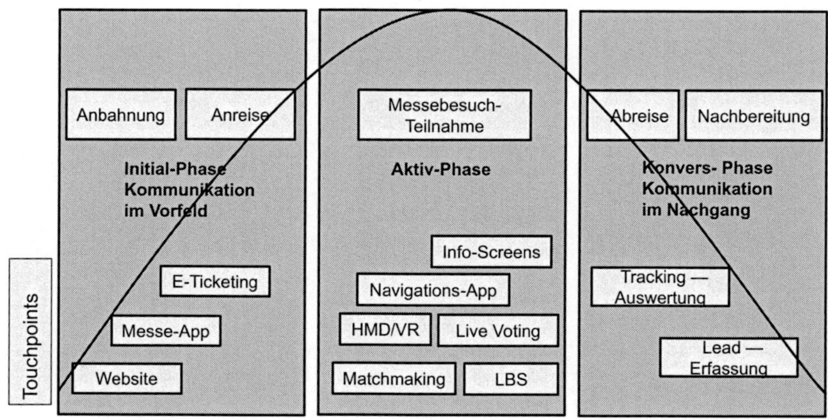

Abb. 2.2 Digitale Touchpoints entlang der Customer Journey auf Messen. (Quelle: Eigene Darst. in Anlehnung an Ruetz 2018)

bei Ausstellern als auch Besuchern (vgl. Abb. 2.2). Sie hat naturgemäß auch bereits bei der Planung und Visualisierung von Standkonzepten großen Anteil.[3]

Als wesentlich für den gelungenen Messeauftritt einer Marke gelten Faktoren wie Innovation, Individualität, Interaktion und Identifikation (De Vries 2008, S. 269–271). Ebenso zeigt sich, dass beim Messestand der Trend zu mehr „Erlebnisqualität, Entertainment und Escapism" (Doppler und Steffen 2018, S. 222) verläuft. Dass die Digitalisierung in all ihren Ausprägungen diese Zielsetzungen befördern kann, scheint unbestritten. Gerade das Erfordernis dreidimensionaler Markenkommunikation ruft nach Werkzeugen auf Messeständen, die dem Besucher immersive Erfahrungen ermöglichen.

Wenn es bei der Planung und Durchführung von Messen und Unternehmensauftritten um Digitalisierung geht, ist zunächst eine Unterscheidung zwischen den digitalen Handlungsfeldern des Messeveranstalters einerseits und andererseits dem Einsatz von digitalen Tools auf dem einzelnen Messestand sinnvoll. Messegesellschaften und Event-Veranstalter sind beispielsweise interessiert an Besucherstrom-Lenkung, Leitsystemen und digitalen Werbeflächen

---

[3]Die Firma Sibal Messebau GmbH (Neusäß/Augsburg) beispielweise hat eine eigene Software entwickelt, um Messestände mittels einer 3D-Brille für Kunden in Virtual Reality vorab begehbar zu machen (vgl. www.sibal-gmbh.com).

oder Navigationsmöglichkeiten beispielsweise mittels einer App, während auf Messeständen mehrheitlich individuelle Anwendungen im Sinne der oben beschriebenen Erlebnisorientierung für den Besucher zur Anwendung kommen. Entlang der Customer Journey des Messebesuchers vor, während und nach dem Messebesuch entsteht so eine Vielzahl digitaler Kontaktpunkte, die es zu bedienen gilt. Diese werden in der Abb. 2.2 aufgezeigt.

Idealerweise lassen sowohl Messeveranstalter als auch Betreiber von Messeständen im Rahmen ihres Markenauftritts die Erkenntnisse aus der Retail- und Erlebnisforschung in die Gestaltung ihrer Touchpoints mit einfließen, sowohl in der Initial- wie auch in der Aktiv- und der Konversphase.

2.3 Interaktive digitale Werkzeuge am Messestand

Bei Messeauftritten gehört meist zu den zentralen Zielsetzungen von Marken- und Marketingverantwortlichen, Kommunikationsagenturen und Eventdienstleistern, dass sie durch neue Erkenntnisse zur Wirkung von technologiegestützten Hilfsmitteln an Messeständen laufend Optimierungspotenzial für die Praxis der Live Communication generieren. In immer kürzeren Abständen kommen zu den bereits erforschten Stimuli eines (Verkaufs- oder Marken-) Raumes in den Bereichen „Exterior", „Interior" und „Human Variables" (vgl. Donovan et al. 1994; Turley und Milliman 2000) neue digitale interaktive beziehungsweise digital gesteuerte Werkzeuge dazu, sodass aktuell auch von *e-atmospherics* gesprochen wird (Kervenoael et al. 2008), wenn es um Technologien geht, welche in einem *branded space* (s. o.) zum Einsatz kommen.

Abhängig von der Branche, dem Messetyp (Business-to-Business, Business-to-Consumer oder Mischformen) und den jeweiligen Kommunikationsetats wird geschätzt, dass in Deutschland im Schnitt etwa die Hälfte aller ausstellenden Unternehmen auf Messen digitale Tools nutzt. Einer Untersuchung zufolge[4] entfallen etwa zwei Drittel von derzeit über fünfzig unterschiedlichen erforschten digitalen Tools, die auf einer Messe eingesetzt werden können, auf die Bereiche *Orientierung, Kommunikation* oder *Service*.[5] Die gängigsten digitalen Elemente waren Bildschirme und Touch-Displays, danach folgten – in größerem Abstand und kleinerer Anzahl – AR/VR-Brillen oder andere *Head Mounted*

---

[4]Vgl. hierzu die Studie auf der B2B/B2C-Messe ITB Berlin, in: Ruetz (2019, S. 54 ff.).

[5]Zum Versuch einer Taxonomie vgl. die Aufstellung in Ruetz (2018, S. 143 f.).

Displays (HMD). Weitere Tools waren etwa Apps, Games oder Roboter.[6] Jedoch kamen an den einzelnen Messeständen individuelle (und damit kostspieligere, oft im sechsstelligen Euro-Bereich liegende) digitale Lösungen eher selten zum Einsatz, da sie stark von den Messebudgets und den Kommunikationszielsetzungen der ausstellenden Unternehmen abhängen. Solche Anwendungen können u. a. sein:

- Interaktive Spiele
- Augmented/Virtual/Mixed Reality
- Messe-Apps
- Roboter/Humanoide
- Medientische und Touch Displays
- Chatbots
- Dronen
- 3-D-Projektionen/Hologramme

Die Abb. 2.3 zeigt die Verteilung bzw. Kategorien der unterschiedlichen digitalen Tools auf Messeständen, die sich bei der o.a. Untersuchung für die Nutzung solcher Werkzeuge entschieden hatten. Bei dieser Aufstellung ist zu beachten, dass bei insgesamt fast tausend untersuchten Messeständen (n = 991) auf mehr als der Hälfte der Stände (58,7 %) digitale Werkzeuge eingesetzt wurden. Dabei handelte es sich in der Mehrzahl der Fälle um digital gesteuerte Bildschirme (96,9 % der Stände, die digitale Anwendungen aufwiesen). Die in Abb. 2.3 dargestellten Werte beziehen sich auf die restlichen Anwendungen, wobei Bildschirme nicht mit eingerechnet wurden.

Forschungen auf Messen haben ergeben, dass bei Messeständen rund 75 % der Wahrnehmung eines Besuchers optischer Natur sind (Ermer 2014, S. 58 f. und 65 f.), woraus sich insgesamt Konsequenzen für den Einsatz digitaler Tools ergeben. Aufgrund der oben besprochenen mehrdimensionalen und multisensualen Qualität von Live-Kommunikation wird der Einsatz immersiver Technologien dieser Anforderung gerecht, erweitert jedoch gleichzeitig die Möglichkeiten der Kommunikation mit allen menschlichen Sinnen.

Während der Begriff des digitalen interaktiven Werkzeugs allgemein für digitale Interaktion mit einem Nutzer mittels eines entsprechenden Geräts bzw. einer

---

[6]Für eine ausführliche Auflistung aktuell bei Messen und Events eingesetzter digitaler Werkzeuge vgl. Ruetz (2018, S. 150–154).

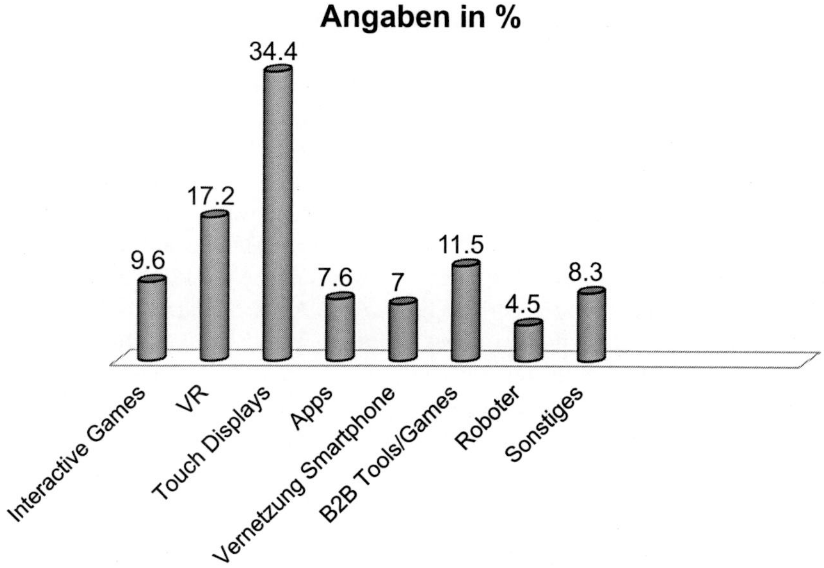

Abb. 2.3 Kategorien digital gesteuerter Werkzeuge auf Messeständen am Beispiel der Tourismusmesse ITB Berlin 2018. (Quelle: Eigene Darst., nach Ruetz 2018)

Software steht (vgl. Kleinsteuber 2013, a. a. O.), sind Augmented Reality (AR) und Virtual Reality (VR) nicht mehr vom Messestand wegzudenken, weil sie die immersive und partizipative Qualität dieser Interaktion besonders befördern. Lange wurde für die Verknüpfung des „real-virtuellen Kontinuums" (Van Krevelen und Poelman 2010) der Oberbegriff „Mixed Reality" (MR) verwendet (Milgram und Kishino 1994). Um der mittlerweile stark gewachsenen Fülle der neuen „Realitäten" gerecht zu werden, bietet es sich jedoch an, vom Oberbegriff „XR"-Tools zu sprechen, um die Vielfalt der Möglichkeiten innerhalb der Mixed Reality abzubilden; somit „umfasst [XR] alle Erfahrungen, die neue Formen der Realität für Nutzer erzeugen" (Kardum 2019).

Vor dem Einsatz von XR am Messestand empfiehlt es sich, zunächst allgemein die Rolle der *atmospherics* und *e-atmospherics* (s. o.) zu klären sowie den Einfluss, den diese Determinanten auf Kundenverhalten ausüben. Der Anstieg der Verwendung insbesondere von XR in der Markenkommunikation und deren Einsatz auf Events und Messen lässt vermuten, dass solche Werkzeuge die Attraktivität des Messebesuchs im Sinne der Erlebnisqualität tatsächlich steigern können. Virtual Reality (VR)-Technologie beispielsweise ermöglicht eine räumlich kompatible Darstellung von Informationen über eine Produktumgebung aus der Konsumentenperspektive und eignet sich daher – ähnlich wie Augmented Reality (AR) – für eine Anwendung am Messestand. Vieles spricht daher für eine gezielte Verwendung von digitalen interaktiven Komponenten auf dem Messestand. Dabei steht in vielen Fällen die räumliche 3-D-Darstellung insbesondere von Produkten oder Ausstellungsgegenständen im Vordergrund, welche sich anhand von klassischen Darstellungsformen oder aus Platzgründen schwer abbilden lassen (wie beispielsweise Druckmaschinen, die die Größenverhältnisse einer Messehalle sprengen oder komplexe Bauteile eines Kraftwerks oder eines Flugzeugs).

Als Best Practice-Beispiel für den Einsatz von XR kann der Messeauftritt der Lufthansa Group (LH) auf der Tourismusmesse ITB in Berlin angeführt werden, welcher seit 2015 jährlich um neue digitale Komponenten erweitert wird. Mit rund einem Dutzend unterschiedlicher digitaler interaktiver Angebote bewies der Konzern seine Fähigkeit zur kontinuierlichen Weiterentwicklung seiner digitalen Messekommunikation in allen Facetten. Auf dem dreigeschossigen Messestand mit einer Gesamtfläche von über 600 m^2 kamen VR (z. B. GearVR) und AR (HoloLens) bei je der Hälfte aller Anwendungen zum Einsatz. Weitere digitale Elemente am Stand waren interaktive Touchscreens und Medientische, iPads mit Chatbot-Funktion sowie die exklusiv für LH entwickelte XR-Installation „Soforturlaub".[7]

Eine empirische Studie unter den Messebesuchern in Bezug auf deren Nutzung bzw. Nicht-Nutzung der digitalen Werkzeuge am Messestand konnte herausarbeiten, dass bei Standbesuchern, die – unabhängig von einer Mehrfach- oder einmaligen Nutzung – digitale Tools in irgendeiner Form ausprobierten,

- die Einschätzung, es sei ein „idealer Messestand",
- die positive Wahrnehmung des Markenimages Lufthansa sowie
- die Verhaltensabsicht im Nachgang zum Messebesuch ggf. einmal eine höhere Reiseklasse zu buchen,

sich leicht, aber immerhin statistisch signifikant verbesserte.[8] Es kann also davon ausgegangen werden, dass sinnvoll eingesetzte immersive, digitale Werkzeuge im

---

[7]Konzept und Technologie: www.3spin.de (Darmstadt).

[8]Empirische Erhebung des Autors im März 2018 am Lufthansa Messestand, n = 420. Vgl. dazu den Forschungsbericht in: Ruetz (2019).

Hinblick auf ihre emotionale, kognitive und konative Wirkung das Messeerlebnis positiv gestalten und im Nachgang dieses Erlebnis bis hin zu größerer Loyalität und tatsächlicher Kaufintention sogar zu verlängern vermögen.

2.4   Empfehlungen für den Messestand der Zukunft

Einerseits spielt, wie oben dargestellt, die Digitalisierung im Hinblick auf die Customer Journey bei der Zukunft des Messestandes eine maßgebliche Rolle. Andererseits zeigen Untersuchungen, dass dem menschlichen Faktor – bezüglich Erstansprache am Stand sowie der fachlichen Beratung und Expertise – eine ebenso große Bedeutung zugemessen wird: „Hochkarätige Redner **und** der Einsatz von Virtual sowie Augmented Reality sind Programmpunkte, die Millennials sich auf Messen wünschen."[9] Gerade beim Einsatz von *Head Mounted Displays* (HMD) ist beispielsweise das partizipative Element entscheidend, sodass Messebesucher, die nicht direkt in die digitale Anwendung involviert sind, über einen Bildschirm das Bildfeld des jeweiligen Anwenders live mitverfolgen können.

Der Messestand der Zukunft muss sowohl „Begegnungsfläche, temporärer Bildungs-Ort und adaptierbares Multitalent" sein (Reed Exhibitions 2016). Er nimmt einerseits ähnliche Funktionen wie sein Vorgänger seit dem Mittelalter und der frühen Neuzeit wahr und ist ein temporär existierender, ortsungebundener Marken- und Verkaufsraum; will mittels Interaktion von Mensch zu Mensch Vertrauen schaffen und kompetent Komplexität bei Produkten oder Prozessen erklären sowie die ökonomische Basis für einen Warenabsatz bzw. für Umsätze schaffen; schließlich will er den Nachfrager auch zukünftig an sich binden.

Der Messestand der Zukunft sollte daher auf seiner Grundfläche in der Messehalle mittels maximal sinnvollem Einsatz von Technologie und gleichzeitig gepaart mit analoger Kommunikation von Mensch zu Mensch drei Säulen abbilden, die jeder Messeveranstalter als kritische Faktoren für den Messeerfolg definiert:

- Die Vermittlung von Inhalten
- Das Vorbereiten und das Ermöglichen von Geschäftsabschlüssen
- Die Bindung an eine Marke über eine Community

---

[9]Vgl. dazu beispielsweise die Untersuchung von Robers (2018).

Zu erwarten ist, dass zukünftig konventionelle Messearchitektur mehr und mehr durch „Mediatektur" ersetzt wird – falls seitens der Marketingverantwortlichen das Verständnis und gleichermaßen das Budget für einen individuellen Standbau im Sinne der Markenkommunikation vorhanden ist, denn weiterhin gilt, dass „Größe und Design des Stands […] tangible Surrogate der relativen Bedeutung eines Unternehmens im Markt dar[stellen]. Die Gestaltung des Messestands prägt somit die vom Besucher wahrgenommene Ausstellerkompetenz" (Betz 2008, S. 71).

Wenn allenfalls Unternehmen auf vorgefertigte (und damit preisgünstige) Systemstandlösungen zurückgreifen (und dabei oft keine digitalen Elemente am Messestand verwenden), so hat dies nicht nur immer Kostengründe. Besteht die primäre Zielsetzung des Unternehmens darin, auf einer Business-to-Business-Veranstaltung Geschäftsgespräche zu führen und handelt es sich um ein Produkt, das durch Anschauung am Stand erklärt werden kann, so wird in vielen Fällen auf Messestandkonzepte mit standardisierten Elementen zurückgegriffen, welche erwiesenermaßen in diesem Bereich ihre Vorteile haben. Dies zeigte eine Untersuchung aus dem Jahr 2015 bei der Messe Berlin in Zusammenarbeit mit der TU Chemnitz, die nachweisen konnte, dass Fachbesucher einen modular aufgebauten Systemstand als aufgeräumter und effizienter empfinden, wenn es darum geht, einen idealerweise vorher verabredeten geschäftlichen Termin wahrzunehmen.[10]

Die folgenden, abschließenden Empfehlungen für die Gestaltung des Messestandes der Zukunft verstehen sich als Hinweise für den Messebetrieb, welche einer soliden theoretischen Basis entspringen und damit hoffentlich Praxis und Forschung sinnvoll miteinander verknüpfen zu vermögen.

- Ein Messestand, der es sich zum Ziel gesetzt hat, eine Marke zu repräsentieren, sollte eher individuell gestaltet sein (im Unterschied zum Systemstand), sonst könnte beim Markeneindruck (Fit von Wahrnehmung und Marke) eine Lücke auf der Besucherseite entstehen, die nur schwer geschlossen werden kann.
- Die Ausgewogenheit zwischen digitalen Komponenten und dem Faktor Mensch sollte sich in der Mediatektur eines Messeauftritts widerspiegeln – das bedeutet: Keine Überfrachtung des Standes mit Technologie nur um der Technologie willen.

---

[10]Vgl. Ruetz (2017, S. 109 f.).

- Ein zu starker Fokus auf die Erlebnisorientierung eines Messestandes könnte dessen Funktionalität eher einschränken. Zielgerichtet eingesetzte Technologie kann jedoch das Erlebnis am Stand über den Besuch hinaus zeitlich verlängern und bei Markenbindung sowie Kaufabsicht verstärkend wirken.
- Je klarer strukturiert und je funktionaler ausgestattet der Stand ist, desto effizienter lassen sich Geschäftsgespräche führen, die bereits vorher terminiert wurden. Hier spielt die Beleuchtung eine große Rolle. Die Beschäftigung mit der Wirkung von *atmospherics* ist daher unumgänglich.
- Wenn ein Einsatz von XR (s. o.) oder anderen digitalen Werkzeugen geplant wird, sollten diese so innovativ und individuell wie möglich sein und alle Beteiligten involvieren beziehungsweise zur Partizipation animieren.

Literatur

Auma_Messetrend. (2018). AUMA, Ausstellungs- und Messeausschuss der Deutschen Wirtschaft e. V. (Hrsg.), Schriftenreihe/Institut der Deutschen Messewirtschaft, Edition 48. Berlin 2018.

Bello, D. C., & Lothia, R. (1993). Improving trade show effectiveness by analyzing attendees. *Industrial Marketing Management, 22*(4), 311–318.

Betz, M. (2008). Messen als Instrument zur Geschäftsanbahnung auf Industriegütermärkten. Dissertation, St. Gallen 2008. https://www.unisg.ch›www›edis.nsf›SysLkpByIdentifier›dis3560. Zugegriffen: 27. Aug. 2019.

Cox, K. (1964). The responsiveness of food sales to shelf space changes in supermarkets. *Journal of Marketing Research, 1*(2), 276–292.

De Vries, R. (2008). Messen als temporäre Markenplattformen. In N. O. Herbrand (Hrsg.), *Schauplätze dreidimensionaler Markeninszenierung: Innovative Strategien und Erfolgsmodelle Erlebnisorientierter Begegnungskommunikation: Brand Parks, Museen, Flagship Stores, Messen, Events, Roadshows* (S. 249–288). Stuttgart: Edition Neues Fachwissen.

Donovan, R. J., Rossiter, J. R., Marcoolyn, G., & Nesdale, A. (1994). Store atmosphere and purchasing behavior. *Journal of Retailing, 70*(3), 283–294.

Doppler, S., & Doppler, A. (2018). Die Rolle des Involvements für die wahrgenommene Erlebnisqualität von B2B Veranstaltungsbesuchen – Erkenntnisse für die markeninszenierende Livekommunikation. In C. Zanger (Hrsg.), *Events und Marke: Stand und Perspektiven der Eventforschung* (S. 205–226). Wiesbaden: Gabler.

Ermer, B. (2014). Markenadäquate Gestaltung von Live Communication-Instrumenten. Untersuchung der Wahrnehmung und Wirkung von Messeständen. In C. Burmann & M. Kirchgeorg (Hrsg.), *Innovatives Markenmanagement* (Bd. 49). Wiesbaden: Gabler.

Kardum, T. (2019). Von Spatial Computing bis Edge AI: Die 15 wichtigsten Begriffe im XR-Guide. https://www.basicthinking.de/blog/2019/07/08/xr-guide-technologie-erklaerungen/, Eintrag vom 08.07.2019. Zugegriifen: 17. Aug. 2019.

Kervenoael, R., Ozturkcan Aykac, S., & Bisson, C. (2008). The influence of social e-atmospherics in practice: A website content analysis perspective. In *7th International Marketing Trends Congress Report, Venedig 2008*.

Kleinsteuber, H. J. (2013). Digitalisierung. In G. Bentele, et al. (Hrsg.), *Lexikon Kommunikation und Medienwissenschaft*. Wiesbaden: VS Verlag.

MehrabianMehrabian, A., & Russell, J. A. (1974). *An approach to environmental psychology*. Cambridge: MIT Press.

Milgram, P., & Kishino, F. (1994). A taxonomy of mixed reality visual displays. *Journal of Transactions And Information Systems, IEICE Tokyo, E77-D*(12), 1321–1329.

Moor, E. (2003). Branded spaces: The scope of ‚new marketing'. *Journal of Consumer Culture, 3*(1), 39–60.

Passarge, R. (2016). Let's get phygital. FAMAB Blog Raumwelten, 20.10.2016. http://famab.de/blog/blog-reihe-raumwelten-lets-get-phygital/. Zugegriffen: 27. Aug. 2019.

Reed Exhibitions. (2016). Wie schaut der Messestand der Zukunft aus? https://www.standout.eu/wie-schaut-der-messestand-der-zukunft-aus-ein-und-ausblicke-in-die-zukunftswerkstatt-messestand-2025. Zugegriffen: 17. Aug. 2019.

Rinallo, D., et al. (2010). Exploring visitor experiences at trade shows. *Journal of Business & Industrial Marketing, 25*(4), 249–258.

Robers, D. I. et al. (2018). Was Millenials von Messen erwarten. http://m-es.se/e4MJ. Zugegriffen: 7. Juni 2019.

Ruetz, D. (2017). Erlebnis am Messestand. Erste Ergebnisse einer multimodalen Studie im Umfeld der Internationalen Tourismusbörse (ITB) Berlin. In C. Zanger (Hrsg.), *Events und Erlebnis: Stand und Perspektiven der Eventforschun* (S. 97–121). Wiesbaden: Springer Gabler.

Ruetz, D. (2018). Digitale Tools bei Markeninszenierungen auf Messen und Events. In C. Zanger (Hrsg.), *Events und Marke. Stand und Perspektiven der Eventforschung* (S. 131–157). Wiesbaden: Springer Gabler.

Ruetz, D. (2019). Der Messestand der Zukunft – Perspektiven digitaler Trends in der Live Communication. In C. Zanger (Hrsg.), *Eventforschung. Aktueller Stand und Perspektiven* (S. 45–61). Wiesbaden: Gabler.

Turley, L. W., & Milliman, R. E. (2000). Atmospheric effects on shopping behavior: A review of the experimental evidence. *Journal of Business Research, 49*(2000), 193–211.

Van Krevelen, D. W. F., & Poelman, R. (2010). A survey of augmented reality technologies, applications and limitations. *The International Journal of Virtual Reality, 9*(2), 1–20.

Von Georgi, R., & Wünsch, U. (2018). Erlebnis Messe: Dimensionen des Erlebens, ihre Wahrnehmung und Hinweise zu ihrer Inszenierung. Studie des Instituts für Publikumsforschung (IfP) an der SRH Hochschule der populären Künste (hdpk), Berlin 2018. https://www.hdpk.de//de/forschung/ifp-institut-fuer-publikumsforschung/. Zugegriffen: 11. Juni 2019.

Zanger, C., Klaus, K., & Kießig, A. (2018). Exhibition Design – Trendbericht für das Research Institute for Exhibition and Live-Communication (R.I.F.E.L. e. V.)/FAMAB. http://rifel-institut.de/fileadmin/Rifel_upload/3.0_Forschung/Exhibition_Design/Trendbericht_Exhibition_Design.pdf. Zugegriffen: 11. Feb. 2019.

Digitalisierung in der Eventbranche – Customer Journey zwischen Immersion und „digital Overkill"

3.1 Problemstellung

Die Eventbranche, die auf dem einzigartigen persönlichen Erlebnis, der einzigartigen Customer Experience aufbaut, wird durch den Trend zur Digitalisierung vor neue Herausforderungen gestellt. Einerseits eröffnen sich neue Möglichkeiten, um mit Unterstützung digitaler Technologien innovative Erlebnisräume aufzubauen und immersive Erlebnisse für die Teilnehmer zu generieren. Andererseits darf der Einsatz digitaler Technologien nicht zum Selbstzweck werden oder gar einen „digital Overkill" bei den Eventteilnehmern erzeugen.

Die neuen technischen Möglichkeiten müssen genutzt werden, um den Eventteilnehmern einen Zusatznutzen zu offerieren, der eine innovative Form von Erlebnisqualität schafft, d. h. bestehende Eventformate müssen an die digitalen Möglichkeiten angepasst werden oder diese Technologien können auch zur Entwicklung neuer Eventformate genutzt werden. Es geht folglich um die Digitalisierung von Events i. S. der Verbindung von Online und Offline Kommunikation (Rietbrock 2017, S. 243 ff.). Der Einsatz digitaler Tools ist mehr als nur Staffage, er ist konstitutiv für das Eventkonzept. Die Aktionsfelder für den Einsatz von digitalen Tools sind dabei sehr vielfältig geworden, wie der Überblick von Ruetz zeigt, (Ruetz 2018, S. 148 ff.) und sie werfen die Frage auf, wie der Einsatz erfolgen soll, um eine möglichst effiziente Wirkung für das wahrgenommene Eventerlebnis beim Kunden zu erzielen. Hilfreich kann dabei sein, den Eventteilnehmer auf seiner Customer Journey durch den Event zu begleiten.

Die Betrachtung der Customer Journey rückte im Zusammenhang mit den Forschungsarbeiten zu Customer Engagement und Customer Experience in den Mittelpunkt (Lemon und Verhoef 2016, S. 69 ff.) und wurde insbesondere durch das Online Marketing auch für die Praxis interessant. Die Customer Journey beschreibt alle Touchpoints, die der Kunde im Rahmen eines Kaufentscheidungsprozesses durchläuft. Touchpoint kann dabei jegliche Art von Kontaktpunkt sein, von klassischer Kommunikation (Anzeigen, TV- oder Radio-Spot, etc.), Live-Kommunikation über Online-Marketing-Maßnahmen bis hin zur Meinung eines Freundes (Word-of-Mouth bzw. elektronische Word-of-Mouth-Kommunikation) oder Informationen auf Bewertungsportalen, in User-Foren oder auf Blogs.

Bei der Entwicklung von Eventkonzepten stellen sich ganz ähnliche Fragen: Über welche Touchpoints wird der potenzielle Teilnehmer erreicht? Welche Touchpoints bestimmen den Erfolg während der Veranstaltung? Über welche Touchpoints kann der Teilnehmerkontakt auch nach dem Event weiter erhalten werden? Die Betrachtung der Customer Journey ermöglicht es, Rückschlüsse für den wirksamen Einsatz von digitalen Tools in einer Eventkonzeption zu ziehen. Zur systematischen Betrachtung der Customer Journey im Eventbereich empfiehlt es sich auf das bewährte Phasenkonzept Pre-Event-Phase, Haupt/Main-Event-Phase und Post-Event-Phase zurückzugreifen (Zanger und Drengner 2016, S. 116).

3.2 Digitale Technologien in der Pre-Event-Phase

Der Einsatz von Software für das Teilnehmermanagement bei Events gehört seit langem zur Selbstverständlichkeit im Eventmanagement. Allerdings bieten aktuelle digitale Tools eine neue Qualität. Zum einen kann ein durchgängiges digitales Teilnehmermanagement vom Einladungsprozess bis zum Nachbereitungsprozess erreicht werden. Zum anderen kann das Teilnehmermanagementsystem nicht nur passiv zur Verwaltung der Teilnehmerdaten, sondern auch aktiv zum Dialog mit den Eventteilnehmern genutzt werden.

In der Pre-Event-Phase bieten ganzheitliche Software-Lösungen in diesem Bereich die Teilnehmerdatenverwaltung, die Entwicklung von Event-Websites, die Online-Registrierung, die Planung von Anreise und Unterkunft sowie die Ermittlung besonderer Wünsche z. B. für das Catering an. Die Einladung der Teilnehmer über elektronische Systeme mit einem entsprechenden Registrierungstool bietet einen schnellen Überblick über die angemeldete Anzahl der Eingeladenen (Response). Erinnerungsmails können personifiziert und nicht wahllos verschickt werden. Sind die Eventteilnehmer noch nicht namentlich bekannt, bieten soziale Netzwerke wie Facebook, Instagram, Twitter, LinkedIn oder XING die Möglichkeit zur zielgruppenfokussierten Einladung.

Der Dialog mit den potenziellen Eventteilnehmern kann über Event-Apps auch schon vor dem Event eröffnet werden. Eventteilnehmer können bspw. selbst Vorschläge für die Gestaltung der Eventkonzeption einbringen, etwa bzgl. der Location- und Musikauswahl oder des Caterings. Digitale Tools unterstützen das Customer Engagement und eröffnen in diesem Kontext neue Möglichkeiten für die Rolle des Eventteilnehmers als Co-Creator von Events.

Die Pre-Event-Phase bietet mit der Einladung, der Teilnehmerregistrierung und der Einbeziehung der Teilnehmer in die Gestaltung des Events wichtige Touchpoints auf der Customer Journey, die durch den Einsatz digitaler Technologien eine neue Qualität der Teilnehmernähe schaffen können.

3.3 Digitale Technologien in der Main-Event-Phase

Während des Events bieten digitale Tools die Möglichkeit, die Teilnehmer smart zu führen und zu begleiten. Das Ziel besteht darin, den Gast nicht aus den Augen zu verlieren und wichtige Aktivitäten wie Check-in (Zeitpunkt des Eintreffens), Teilnahme an einzelnen Programmpunkten, Check-out (Zeitpunkt zu dem das Event verlassen wurde). Auf diese Weise lassen sich wichtige Informationen zu Teilnehmeranzahl, No-Show-Rate, Verweildauer auf dem Event und Points of Interest herausfinden, die für die Weiterentwicklung von Eventkonzeptionen genutzt werde können.

ID-gestützte Systeme auf Basis von Smartphones oder unter Verwendung von Gadgets (sensorbasierte, mobile drahtlose Units) bieten die Möglichkeit, Eventteilnehmer digital durch die Veranstaltung zu führen (Wille et al. 2014, S. 265 ff.). Das schafft für den Eventteilnehmer eine sicherere Orientierung. Mobile Event-Apps, Beacons, RFID-Chips oder Social Walls ermöglichen aber auch digitale Interaktionen während der Veranstaltung mit dem Eventteilnehmer auf Basis individualisierter Angebote. Über Push-Mitteilungen kann der Teilnehmer auf das nächste Eventhighlight oder einen Vortrag im nahegelegenen Konferenzraum hingewiesen werden. Er kann zur aktiven Teilnahme an Wettbewerben während des Events eingeladen oder auf Mitarbeiter und Führungskräfte des Unternehmens aufmerksam gemacht werden, die zum Dialog bitten.

Sensorbasierte Systeme können aber auch die digitale Interaktion zwischen den Teilnehmern durch deren Vernetzung untereinander, das s. g. Matchmaking, unterstützen (Hagen und Luppold 2017, S. 253 ff.). Interessierte Teilnehmer können sich untereinander vor oder während der Veranstaltung selbstständig vernetzen sowie Zeitpunkt und Ort für ein persönliches Gespräch während des Events vereinbaren. Aber auch Unternehmen als Eventveranstalter können eingreifen und die "richtigen" Partner über entsprechende Vorschläge an die Eventteilnehmer zusammen bringen. Die aktive Einbeziehung der Teilnehmer in das Eventgeschehen ist ein zentrales Erfolgskriterium für die nachhaltige Erinnerungswirkung. So können bspw. Event-Apps dafür eingesetzt werden, um Light Shows über die Smartphones der Eventteilnehmer steuern zu lassen. Digitale Tools unterstützen auch in der Main-Phase auf diese Weise das Customer Engagement und eröffnen neue Möglichkeiten für die Rollen des Eventteilnehmers als Co-Producer von Events.

Aber auch die gemeinschaftliche Interaktion der Teilnehmer während des Events kann durch digitale Tools wirkungsvoll unterstützt werden. Beispielsweise ermöglichen Systeme der digitalen Moderation, die Interessen, Bewertungen oder Meinungen von Teilnehmern während oder unmittelbar nach Vorträgen abzufragen und transparent für alle Eventteilnehmer zu machen. Auch können Interessenschwerpunkte bspw. bei Barcamps oder Kongressen über alle Teilnehmer mit Word-Clouds erfasst werden. Diese digitalen Tools schaffen neue Touchpoints auf der Customer Journey. Sie erhöhen die Interaktionsbereitschaft der Eventteilnehmer und den Erlebniswert durch die Partizipation in der Teilnehmergruppe deutlich (Michalski et al. 2017, S. 267 ff.).

Durch den Einsatz von Virtual Reality (VR) und Augmented Reality (AR) Technologien und deren Verknüpfung mit der realen Eventwelt (Mixed Reality bzw. XR-Tools) können für den Besucher ganz neuartige Erlebniswelten eröffnet werden. Erste empirische Studien bestätigen die Erlebniswirkung auf dem Messestand (Ruetz 2018, S. 143 ff. sowie Ruetz 2020 in diesem Band).

Mittels VR-Brille kann der Besucher in eine virtuelle, digitale Eventwelt unmittelbar eintauchen. Ein immersives Erlebnis entsteht. Im Bewusstsein des Eventteilnehmers verschmilzt die reale Welt soweit mit der virtuellen Welt, dass diese bei sehr hoher Präsenz der virtuellen Welt als real empfunden wird. Da auch eine Interaktion mit dem Teilnehmer in der VR angeboten werden kann, wird der Immersionseffekt beim Event intensiviert. Erste Untersuchungen bestätigen diese

Befunde im Messekontext (Kießig und Lohmann 2020). Allerdings ist dabei auch auf Grenzen des Einsatzes von VR hinzuweisen, die sich insbesondere aus Reizüberflutung ergeben können.

AR-Applikationen verknüpfen die Eventbausteine mit weiteren Ebenen. Der Eventbesucher erhält die Gelegenheit, tiefer in die Inhalte einzudringen. So kann beispielsweise bei der Präsentation eines neuen Fahrzeugs auf einem Event dieses in Teilen für den Besucher transparent werden. Er schaut in den Motor und sieht das Zusammenspiel der Bauteile beim Fahren oder er erhält auf Wunsch weitere detailliertere, für ihn individualisierte Informationen wie technische Parameter, Lieferzeiten, Preise o. ä.

Teilnehmer erwarten auf Events außergewöhnliche Erlebnisse, die sie begeistern. Diese Erlebnisse möchten sie mit anderen teilen und in ihrer Community verbreiten. Durch ereignissynchrone Mitteilungen, Bilder und Videos über Facebook, YouTube, Instagram, Twitter, WhatsApp oder andere Dienste entstehen die Eventberichte nicht erst im Nachhinein, sondern zeitgleich zur Veranstaltung und das besondere Erlebnis während des Events wird über die unmittelbare Teilnehmergruppe zu weiteren Teilen der Zielgruppe hinausgetragen. Damit kann insbesondere für Public Events eine wesentliche Erhöhung der Reichweite erzielt und zeitliche Grenzen können überwunden werden.

Wirklich neue Möglichkeiten für einen digitalen Event bietet das Live-Streaming von Eventinhalten über Social-Media-Kanäle wie Facebook Live oder YouTube Live. Hier können z. B. Keynote-Speaker eines Events oder Show Highlights einer breiten, interessierten Zielgruppe unmittelbar zugänglich gemacht werden, ohne, dass diese selbst beim Event anwesend ist. Mittels VR-Technologie können Zielgruppenmitglieder, die nicht persönlich vor Ort sind, virtuell an der Veranstaltung teilhaben. Der virtuelle Eventteilnehmer wird vom passiven Zuschauer zum aktiven Teilhaber am Eventerlebnis. Er blickt nach rechts und links und kann die Teilnehmer neben sich sehen, er kann nach hinten schauen oder vorn auf der Bühne der Performance folgen, d. h. er fühlt sich wie live dabei, wie direkt vor Ort und wird so Teil der Eventcommunity.

Auf der Customer Journey bieten sich angesichts neuer digitaler Tool sehr viele neue Möglichkeiten zu Schaffung von Touchpoints, angefangen bei der Teilnehmerführung, -information und -steuerung über den Einsatz von XR-Tools als Eventhighlights bis hin zur synchronen Berichterstattung der Eventteilnehmer in den sozialen Medien. Aber auch nicht real anwesende Eventinteressierte können über digitale Tools zu virtuellen Eventteilnehmern werden.

3.4   Digitale Technologien in der Post-Event-Phase

Nach dem Event kann der Kontakt zum Eventteilnehmer über das Teilnehmermanagementsystem weiterhin genutzt werden. Es ergeben sich vielfältige Möglichkeiten:

- Der Eventteilnehmer kann zunächst unmittelbar eine Dankes-E-Mail für seine Teilnahme mit Bildern oder Videos vom Event erhalten.
- Weiterhin kann unmittelbar nach Beendigung des Events ein Feedback zur Zufriedenheit des Teilnehmers mit dem Event z. B. über die Event-App eingeholt werden. Das verspricht besondere Authentizität, da die Eindrücke des Eventteilnehmers noch sehr frisch sind. Dabei können das Event und die Eventbausteine sowohl quantitativ i. d. R. auf Schulnotenbasis bewertet werden. Aber auch ein qualitatives Urteil zu besonders positiven oder negativen Eventerlebnissen (Likes und Dislikes) kann eingeholt werden und es kann nach Vorschlägen des Teilnehmers für die Weiterentwicklung des Eventkonzeptes (Co-Creation) gefragt werden.
- Der Kontakt zum Eventteilnehmer kann auch nach dem Event weiter gehalten werden um bspw. aktuelle Informationen über das Unternehmen, neue Produkte und Services zu geben oder über Folgeveranstaltungen zu informieren.

Nach dem Event bietet die Schaffung digitaler Touchpoints die Möglichkeit, die Customer Journey auszudehnen und über häufigeren Kontakt zum Eventteilnehmer einen aktiven Kundendialog zu entwickeln sowie das Interesse an der Teilnahme an Folgeveranstaltungen zu wecken. Besonders wirkungsvoll ist die Nutzung der aus dem Teilnehmerfeedback gewonnen Daten für eine digitale Erfolgskontrolle.

Weiterhin kann die Nutzung von sozialen Medien nach dem Event die Bindung der Eventteilnehmer festigen und potentielle Teilnehmer für Folgeevents interessieren. Auf YouTube haben Eventveranstalter die Möglichkeit, zusammenfassende Videoberichte zu Events zu veröffentlichen und Links an die Teilnehmer zu verschicken. Aber auch die Impressionen, die Eventteilnehmer auf Facebook, Instagram oder anderen Social-Media-Plattformen posten, können vom eventveranstaltenden Unternehmen geteilt werden. Diese Informationen sind zeitlich unbegrenzt vorhanden und können immer wieder abgerufen werden. Über diesen digitalen Weg kann die Nachhaltigkeit des Events in den Köpfen der Zielgruppe deutlich erhöht werden.

3.5 Fazit

Die Digitalisierung führt auch in der Eventbranche zu disruptiven Veränderungen. Die Customer Journey des Eventteilnehmers verläuft nicht mehr
nur entlang realer Touchpoints sondern auch in der Live-Kommunikation sind
mannigfaltige Möglichkeiten des digitalen Kontaktes zum Eventteilnehmer ent-
standen. Eventkonzeptionen müssen deshalb reale und digitale Welt, Online- und
Offline-Kommunikation kreativ miteinander verbinden.

Die Chancen dabei sind vielfältig:

- Neue digitale Tools bieten die Möglichkeit Eventkonzepte zu entwickeln, die
  reale und virtuelle Welt fließend gestalten und auf diese Weise immersive
  Erlebnisse mit hoher Erlebnisintensität für den Eventteilnehmer generieren.
- Dank Social-Media-Plattformen können die Teilnehmer selbst aktiv werden und über ihre Eventerlebnisse berichten. Das Event kann als einzelne
  Veranstaltung auf diese Weise nachhaltig in der Erinnerung der Teilnehmer
  bleiben, neue Zielgruppenmitglieder interessieren und zu potenziellen Eventteilnehmern werden lassen. Die zeitliche Begrenztheit von Events kann damit
  relativiert werden.
- Durch Live-Streaming von Eventinhalten über Social-Media-Kanäle können
  interessierte Zielgruppenmitglieder auch virtuell an Events teilnehmen, sodass
  auch die räumlich Begrenztheit von Events relativiert werden kann.
- Für die Mitgestaltung von Events durch den Eventteilnehmer eröffnen sich
  durch digitale Tools sowohl vor als auch während des Events und in der
  Post-Phase (Co-Creation und Co-Produktion) neue Möglichkeiten durch Interaktion.
- Die Teilnehmerdaten und die Touchpoints des Events können mittels des digitalen Teilnehmermanagement durchgängig von der Einladung bis zur Nach-
  bereitung gemanagt werden.
- Die Möglichkeit, die Customer Journey des Eventteilnehmers digital zu verfolgen und ein Feedback einzuholen, verbessert die Möglichkeiten zum
  Erfolgscontrolling deutlich.

Risiko „digital Overkill"
Die digitalen Technologien bringen aber auch Risiken für den Eventerfolg mit
sich. Der Einsatz zu vieler digitaler Tools kann den Teilnehmer überfordern
(„digital Overkill"). Die Gefahr liegt dann darin, dass der Eventteilnehmer die
eigentliche Eventbotschaft nicht aufnehmen kann, da er durch zu viele digitale
Angebote abgelenkt wird. Insbesondere beim Einsatz von XR-Tools kann eine

Reizüberflutung entstehen, die ebenfalls kontraproduktiv für die Aufnahme von Botschaften wirkt. Dies ist bei der Entwicklung von Eventkonzeptionen zu vermeiden.

Innovative digitale Applikationen versprechen viel Aufmerksamkeit der Eventteilnehmer und sind dadurch geeignet, Eventhighlight zu sein, aber eben auch nur solange sie neu sind. Läuft beispielsweise ein freundlicher humanoider Roboter auf Events herum, dann ist seine Analyse von Alter und Mimik der Eventteilnehmer nicht mehr überraschend. Es stellen sich Abnutzungserscheinungen ein, die nur mit einem ständigen Screening der Entwicklung der digitalen Tools durch die Eventverantwortlichen vermeidbar sind.

Hingewiesen sei auch auf die besonderen Risiken, die mit dem Datenschutz im Zusammenhang mit dem Teilnehmermanagement und den Aktivitäten in den sozialen Medien verbunden sind. Vor der Veranstaltung hinterlassen die Teilnehmer persönliche Informationen wie Adress- und Kontodaten, die vor externen Zugriffen geschützt werden müssen. Es entsteht umfangreiches Bildmaterial, das auf Social-Media-Plattformen verbreitet wird und über Gesichtserkennung sensible Informationen zu einzelnen Teilnehmern und deren Kontakten offenlegen kann. Den Datenschutzanforderungen in der Eventkonzeption muss deshalb nicht nur in Folge der EU-DSGVO, sondern generell eine besondere Aufmerksamkeit gewidmet werden.

Es wird deutlich, dass die Digitalisierung die Eventbranche vor Herausforderungen stellt, die nur mit kreativen und intelligenten Eventkonzepten gemeistert werden können. Dazu werden Eventmanager und Eventmanagerinnen benötigt, die sich den digitalen Herausforderungen stellen und diese mit Augenmaß in anspruchsvolle Erlebniskonzepte umsetzen können.

Literatur

Hagen, D., & Luppold, S. (2017). Matchmaking: Steuerungsinstrument für Interaktion und Netzwerksbildung – Ansatz zur Incentivierung und Emotionalisierung. In C. Zanger (Hrsg.), *Event und Erlebnis* (S. 251–262). Wiesbaden: Springer Gabler.

Kießig, A., & Lohmann, K. (2020). Lebendige Messeauftritte – Die Wirkung von Virtual Reality im Messekontext (erscheint im Band der 11. Wissenschaftlichen Konferenz Eventforschung).

Lemon, K. N., & Verhoef, P. C. (2016). Understanding customer experience through the customer journey. *Journal of Marketing AMA/AMS Special Issue, 80*(6), 69–97.

Michalski, U., Gehlert, O., Tandler, P., & Dieckmann, F. (2017). Erlebnis Inszenierte Digitale Moderation: Wertschätzende Partizipation in großen Gruppen. In C. Zanger (Hrsg.), *Event und Erlebnis* (S. 63–268). Wiesbaden: Springer Gabler.

Rietbrock, T. (2017). Digitalisierung in der Live-Kommunikation. In C. Zanger (Hrsg.), *Event und Erlebnis* (S. 241–250). Wiesbaden: Springer Gabler.

Ruetz, D. (2018). Digitale Tools bei Markeninszenierungen auf Messen und Events. In C. Zanger (Hrsg.), *Events und Marke. Stand und Perspektiven der Eventforschung* (S. 131–157). Wiesbaden: Springer Gabler.

Wille, S., Wehn, N., & Jensen, T. (2014). ID-enter: Multisensorische Messeinteraktion der Zukunft. In C. Zanger (Hrsg.), *Events und Messen* (S. 263–274). Wiesbaden: Springer Gabler.

Zanger, C., & Drengner, J. (2016). Einsatz von Event Marketing für die Marketing-kommunikation. In M. Bruhn, F.-R. Esch, & T. Langner (Hrsg.), *Handbuch Instrumente der Kommunikation* (2. Aufl., S. 113–139). Wiesbaden: Springer Fachmedien.

Was Sie aus diesem *essential* mitnehmen können

1. Digitalisierung in der Live-Kommunikation als Chance verstehen.
2. Intelligente Learning-Management-Systeme unterstützen den Wissenstransfer.
3. Der Messestand der Zukunft verknüpft den sinnvollen Einsatz von Technologie mit analoger Kommunikation von Mensch zu Mensch.
4. Die Digitalisierung führt in der Eventbranche zu disruptiven Veränderungen.
5. Es werden Eventmanager und Eventmanagerinnen benötigt, die sich den digitalen Herausforderungen stellen.